Capitaine H. MINGAT

DES

OBLIGATIONS MILITAIRES

IMPOSÉES

AUX HOMMES DES RÉSERVES

en temps de paix et en cas de mobilisation

PARIS

Henri CHARLES-LAVAUZELLE

Éditeur militaire

124, Boulevard Saint-Germain, 124

MÊME MAISON A LIMOGES

1914

PETIT MANUEL

POUR SERVIR A

L'INSTRUCTION THÉORIQUE

des hommes du service actif
et des hommes convoqués pour accomplir
des périodes d'exercices.

Capitaine H. MINGAT

DES
OBLIGATIONS MILITAIRES

IMPOSÉES

AUX HOMMES DES RÉSERVES

en temps de paix et en cas de mobilisation

PARIS

HENRI CHARLES-LAVAUZELLE

Éditeur militaire

124, Boulevard Saint-Germain, 124

MÊME MAISON A LIMOGES

1914

PRÉFACE

Lors de l'apparition de la dépêche ministérielle du 12 mars 1912, prescrivant que des théories seraient faites aux hommes sur l'emploi du fascicule de mobilisation, nous avons constaté que bon nombre d'officiers étaient à la recherche de documents sur le sujet à traiter devant leurs hommes.

Non pas que ce sujet leur fût étranger ? Tous connaissent le but du fascicule de mobilisation; mais c'est le développement à donner à ces théories qui pouvait être un peu embarrassant.

C'est pourquoi nous avons pensé qu'en réunissant dans ce manuel, non seulement tout ce qui concerne le fascicule de mobilisation et son emploi, mais encore tout ce que les hommes doivent savoir sur leurs obligations militaires en temps de paix et en cas de mobilisation, nous aurions rendu un grand service aux officiers chargés de faire des théories aux hommes.

D'autre part, par dépêche n° 80 1/11 du 8 janvier 1914, M. le Ministre de la guerre a prescrit de faire aux hommes de l'active et aux réservistes pendant leurs périodes d'exercices, des théories sur l'emploi qui doit être fait du livret individuel.

Ce manuel n'a donc d'autre but que de permettre aux officiers instructeurs des corps de troupe de faire connaître à leurs hommes, en même temps que leurs droits au point de vue strictement militaire, les devoirs qui leur incombent pour l'exécution de leurs obligations militaires comme réservistes ou territoriaux.

Son utilité se faisait-elle sentir ?

La dépêche ministérielle prescrivant des théories à faire aux hommes sur cet important sujet, le démontre plus que tout autre argument.

D'autre part, l'effort militaire que nous venons d'accomplir, pour produire tous ses effets, nécessite de chacun, en même temps que la connaissance de ses droits, l'accomplissement scrupuleux de tous ses devoirs.

Ce manuel, qui contient toutes les obligations militaires des hommes des réserves, puisées dans divers documents qui ne sont pas toujours en la possession des officiers instructeurs, nous paraît donc répondre à un besoin.

Nous avons pensé qu'il était tout d'abord nécessaire de rappeler les articles de la loi du 21 mars 1905, modifiée par celle du 7 août 1913, intéressant particulièrement les réservistes et les territoriaux, avant de développer les instructions qui fixent les détails d'exécution.

Pour cela, nous avons divisé ce travail en trois parties :

1° Obligations militaires en temps de paix (loi du 21 mars 1905, modifiée par celle du 7 août 1913);

2° Instruction du 20 juin 1910 sur l'administration des hommes dans leurs foyers; instruction du 21 janvier 1910 sur les commissions de réforme; instruction du 16 janvier 1911 sur les allocations dues aux soutiens de famille; mise en concordance avec l'article 12 de la loi du 7 août 1913;

3° Obligations militaires en temps de guerre; du fascicule de mobilisation; renseignements donnés par ce document; mode d'emploi, etc.

Si, en établissant ce petit manuel, nous avons réussi à faciliter la tâche des officiers instructeurs, nous serons largement récompensé du travail qu'il nous aura imposé.

Capitaine H. Mincat.

PREMIÈRE PARTIE

Obligations militaires en temps de paix.

---

*Loi du 21 mars 1905 sur le recrutement de l'armée
modifiée par la loi du 7 août 1913.*

Loi du 21 mars 1905 sur le recrutement de l'armée, modifiée par la loi du 7 août 1913.

Art. 7. — **Nécessité d'avoir fait son service militaire pour être investi de fonctions.**

Nul n'est admis dans une administration de l'Etat, ou ne peut être investi de fonctions publiques, même électives, s'il ne justifie avoir satisfait aux obligations imposées par la présente loi.

Le temps passé sous les drapeaux par les fonctionnaires, agents et sous-agents de toutes les administrations de l'Etat par les ouvriers et employés des établissements de l'Etat, soit avant, soit après leur admission dans les cadres, est compté pour le calcul de l'ancienneté de services exigée pour l'avancement, pour une durée équivalente de services civils.

Ce temps est compté en une seule fois, aussitôt accompli, si le service militaire est fait après l'admission dans les cadres, ou dès l'entrée dans les cadres, s'il a été fait auparavant.

Les limites d'âge prévues par les lois, décrets et arrêtés pour l'admission aux concours ou emplois de l'Etat, des départements et des communes sont reculées d'un an pour les jeunes gens ayant accompli trois années de service militaire. Elles sont abaissées d'un an par année de service militaire non accomplie. Toute année pendant laquelle il a été fait quatre mois de service compte pour une année de service.

Art. 9. — **Les militaires ne votent pas.**

Les militaires ne prennent part à aucun vote quand ils sont présents à leur corps, à leur poste ou dans l'exercice de leurs fonctions.

Mais ceux qui, au moment de l'élection, sont en possession d'un congé peuvent voter dans la commune sur les listes de laquelle ils sont régulièrement inscrits.

Art. 22. — **Soutiens de famille.**

Les militaires, réservistes ou territoriaux, remplissant effectivement les devoirs de soutiens indispensables de famille, auront droit, sur leur demande en temps de paix, et pendant l'accomplissement de leurs périodes d'instruction, à une allocation journalière fournie par l'Etat.

Cette allocation est fixée par jour à 1 fr. 25. Elle sera majorée de 0 fr. 50 pour chacun des enfants âgés de moins de 16 ans, à la charge du soutien de famille (1).

Les demandes doivent être remises, contre récépissé, au maire de la commune, accompagnées des pièces ci-après, avant le 15 décembre :

1º De la carte postale-avis qu'ils ont reçue du recrutement et sur laquelle ils auront indiqué le nom de la personne désignée pour recevoir le montant de l'allocation;

2º Le relevé des contributions payées par la famille et certifié par le percepteur;

3º Un état certifié par le maire de la commune et indiquant le nombre et la position des membres de la famille vivant sous le même toit ou séparément, les revenus et les ressources de chacun d'eux.

Les autres démarches et opérations sont faites par les maires et les préfets.

Ces allocations ne sont dues qu'aux réservistes et territoriaux appelés sous les drapeaux sous l'empire de la loi du 7 août 1913, ce qui revient à dire que ces allocations ne seront payées qu'aux hommes, à partir de la classe 1913, quand ils seront réservistes et territoriaux. Pour tous ceux des classes antérieures, il sera fait application des dispositions de l'article 41 de la loi du 21 mars 1905, modifiée le 14 avril 1908. Voir ci-après. (Dépêche ministérielle du 24 octobre 1913.)

Art. 31. — **Registre matricule**. — **Livret individuel**.

Tous les hommes ayant concouru à la formation d'une même classe sont portés sur un registre matricule tenu dans les bureaux de recrutement.

Ce document permet de suivre chaque homme dans toutes les positions qu'il occupera jusqu'à sa libération définitive.

Tout homme porté au registre matricule de son recrutement reçoit un livret individuel qu'il est tenu de représenter à toute réquisition des autorités militaire, judiciaire ou civile.

Ce livret doit être représenté dans les vingt-quatre heures de la réquisition, quand il s'agit de convocation pour les manœuvres, exercices, revues ou appel à l'activité, et dans les huit jours en tout autre cas. (Voir page 28 la recommandation importante sur l'emploi du livret.)

____

(1) Marche à suivre pour la perception de cette allocation, la 2e partie, page 45.

Art. 32. — Bases du service.

Tout Français reconnu propre au service militaire fait partie successivement :
De l'armée active pendant trois ans.
De la réserve de l'armée active pendant onze ans.
De l'armée territoriale pendant sept ans.
De la réserve de l'armée territoriale pendant sept ans.
Total : vingt-huit ans.

Art. 40. — Du service dans les réserves.

Tous les réservistes et territoriaux sont affectés à un corps de troupe qu'ils sont tenus de rejoindre en cas de mobilisation, de rappel de leur classe ordonné par décret et de convocation pour des manœuvres ou exercices.

Pour le cas de mobilisation, le fascicule qui est épinglé en tête du livret de chaque homme donne tous les renseignements qui lui sont nécessaires.

Art. 41. — Soutiens de famille.

Les familles des hommes de la réserve et de l'armée territoriale qui, au moment de leur convocation, remplissent effectivement les devoirs de soutiens indispensables de famille, peuvent recevoir une allocation journalière fournie par l'État pendant la durée de cette période.

Cette allocation, qui est fixée à 0 fr. 75, sera majorée de 0 fr. 25 pour chaque enfant de moins de 16 ans, à la charge de l'homme convoqué.

En vue d'obtenir cette allocation, l'homme appelé à accomplir une période devra adresser au maire de la commune où il réside une demande dont il lui sera donné récépissé.

Cette demande comprendra à l'appui :

1° Un relevé des contributions payées par le réclamant ou ses ascendants, certifié par le percepteur;

2° Un état, certifié par le maire de la commune, et indiquant le nombre et la position des membres de la famille vivant sous le même toit ou séparément, le revenu et les ressources de chacun d'eux.

Le maire envoie les listes et dossiers de demandes annotés au préfet.

Les allocations ci-dessus prévues peuvent être accordées jusqu'à concurrence de 12 p. 100 du nombre d'hommes appelés momentanément sous les drapeaux.

Art. 41 *suite*). — **Périodes d'exercices.**

Les hommes de la réserve de l'armée active doivent faire deux périodes d'exercices : la première, de vingt-trois jours, la deuxième, de dix-sept jours.

Les hommes de l'armée territoriale sont assujettis à une période d'exercices de neuf jours.

Sont dispensés de ces exercices et manœuvres, les hommes appartenant à l'armée territoriale qui, au moment de l'appel de leur classe pour une période d'instruction, seront inscrits, depuis au moins deux ans, sur les contrôles des corps de sapeurs-pompiers régulièrement organisés et qui auront contracté un engagement de cinq ans dans ces corps. En cas d'inexécution de cet engagement, les sapeurs-pompiers seront rappelés pour la période d'instruction dont ils auront été dispensés. (Loi du 25 février 1914.)

Peuvent être dispensés de ces périodes (vingt-trois, dix-sept et neuf jours), les hommes qui ont établi leur résidence à l'étranger, hors d'Europe, et qui y occupent une situation régulière.

Il n'y a pas d'autres dispenses de périodes que celles ci-dessus, sauf celles indiquées à l'article 64.

Les hommes de la réserve de l'armée territoriale sont soumis une fois à une revue d'appel. La décision ministérielle qui prescrit cette revue doit être motivée et spéciale aux unités ou formations d'unités qu'il est utile de convoquer.

Les hommes de cette même réserve affectés à la garde des voies de communication ou des points importants du littoral, ou employés comme auxiliaires d'artillerie dans les places fortes, peuvent être astreints à des exercices spéciaux dont la durée totale, pendant les sept années qu'ils passent dans la réserve de l'armée territoriale, n'excède pas neuf jours.

Art. 44. — **Obligations des militaires en uniforme.**

Les réservistes et territoriaux en tenue militaire, même non présents sous les drapeaux, doivent à tout supérieur hiérarchique en uniforme, les marques extérieures de respect prescrites par les règlements militaires et seront, comme des militaires en congé, passibles des peines disciplinaires.

Art. 45. — **Obligations des réservistes et territoriaux se déplaçant.**

Tout homme inscrit sur le registre matricule est astreint, s'il se déplace, aux obligations suivantes :

— 14 —

1° S'il se déplace pour changer de résidence ou de domicile, il fait viser, dans le délai d'un mois, son livret individuel par la gendarmerie (1) dont relève la localité où il transporte son domicile ou sa résidence;

2° S'il se déplace pour voyager pendant plus de deux mois, il fait viser son livret avant son départ par la gendarmerie (1) de sa résidence habituelle;

3° S'il va se fixer en pays étranger, il fait de même viser son livret avant son départ et doit, en outre, dès son arrivée, prévenir l'agent consulaire de France le plus voisin, qui lui donne récépissé de sa déclaration et envoie copie de celle-ci dans les huit jours au Ministre de la guerre.

À l'étranger, s'il se déplace pour changer de résidence, il en prévient, au départ et à l'arrivée, l'agent consulaire de France, qui en informe le Ministre de la guerre.

Lorsqu'il rentre en France, il se conforme aux prescriptions du paragraphe 1er du présent article.

Art. 46. — **Droits à des délais supplémentaires.**

Les hommes qui se sont conformés aux prescriptions de l'article précédent ont droit, en cas de mobilisation ou de rappel de leur classe, à des délais supplémentaires pour rejoindre, calculés d'après la distance à parcourir.

Ceux qui ne s'y sont pas conformés sont considérés comme n'ayant pas changé de domicile ou de résidence.

Art. 48. — **Les réservistes et territoriaux pères de quatre ou six enfants changent de catégorie.**

Les réservistes qui sont pères de quatre enfants passent de droit et définitivement dans l'armée territoriale.

Les pères de six enfants vivants passent de droit dans la réserve de l'armée territoriale.

Art. 52. — **Engagements pour la durée de la guerre.**

En cas de guerre, tout Français ayant accompli le temps de service prescrit pour l'armée active, la réserve de ladite armée et l'armée territoriale, est admis à contracter, dans un corps de son choix, un engagement pour la durée de la guerre.

____

(1) Ou à la mairie (à l'exception des mairies des communes ayant moins de 5.000 habitants, qui sont le siège d'une brigade de gendarmerie), ainsi que dans les commissariats de police des grandes villes. (Circulaire ministérielle du 27 septembre 1913, B. O., r. p., p. 1172.)

Cette faculté cesse pour les hommes de la réserve de l'armée territoriale lorsque leur classe est rappelée à l'activité.

Art. 54. — **Rengagements des réservistes.**

Les hommes de la réserve qui ont quitté le service actif depuis moins de deux ans peuvent contracter un rengagement dans les troupes métropolitaines.

Pour se rengager dans l'armée coloniale, il suffit d'avoir moins de 36 ans; le rengagement minimum doit être de trois ans.

Dans les troupes métropolitaines, le rengagement minimum qu'ils peuvent contracter doit leur permettre de compléter au moins quatre ans de service.

Les rengagements sont renouvelables jusqu'à une durée totale de quinze années de service pour les sous-officiers ou anciens sous-officiers de l'armée métropolitaine, pour les caporaux, brigadiers et soldats de cette armée, occupant certains emplois désignés par le Ministre de la guerre, pour les militaires de tous grades de l'armée coloniale, du régiment de sapeurs-pompiers de Paris et de certains corps de l'armée métropolitaine d'Afrique, désignés par le Ministre; de dix années pour les brigadiers et soldats dans les régiments de cavalerie et les batteries des divisions de cavalerie, et de cinq années pour les brigadiers, caporaux et soldats des autres troupes métropolitaines.

Dans les limites indiquées ci-dessus, les militaires de toutes armes et de tous grades peuvent contracter des rengagements de six mois, un an, dix-huit mois, deux, trois, quatre et cinq ans.

Certaines catégories de militaires peuvent continuer à contracter des rengagements de deux ans au delà de la limite de quinze années de service.

Le nombre des rengagements dans chaque corps est fixé par le Ministre de la guerre.

Art. 55. — **Rengagements.** (*suite*).

Les sous-officiers, caporaux et brigadiers sont, en principe, rengagés pour le corps dans lequel ils servent ou ont servi; toutefois, ils peuvent être, sur leur demande, rengagés pour un autre corps dans lequel le nombre des rengagés et commissionnés n'atteindrait pas le complet réglementaire. Ils conservent leur grade, même s'ils ont quitté le service depuis plus de six mois, sauf le cas où ils se rengagent dans une arme autre que leur arme d'origine, ou dans le régiment de sapeurs-pompiers de Paris. Dans ce cas, ils ne peuvent rentrer au service que comme simples soldats (1).

Le Ministre de la guerre peut toujours, dans l'intérêt du service, prononcer d'office le changement de corps d'un militaire rengagé.

Art. 64. — Dispenses de périodes d'exercices.

Les militaires ayant accompli au moins trois années de service ou une période de séjour aux colonies sont dispensés de la première des périodes d'exercice de la réserve.

Ceux ayant accompli au moins quatre années de service sont dispensés des deux périodes dans la réserve.

La loi du 7 août 1913 a modifié ainsi qu'il suit cet article 64, mais il est naturel, pour ne pas léser des droits acquis, qu'il ne soit appliqué qu'aux hommes qui, en vertu de cette loi, auront à accomplir trois ans de service actif :

« Les militaires ayant accompli au moins quatre années de service ou une période de séjour aux colonies sont dispensés de la première des périodes d'exercices de la réserve.

» Ceux ayant accompli au moins cinq ans de service sont dispensés des deux périodes d'exercices de la réserve. »

Art. 83. — Insoumis.

Tout militaire dans ses foyers, rappelé à l'activité, qui, hors le cas de force majeure, n'est pas arrivé à destination au jour fixé par l'ordre de route régulièrement notifié, est considéré comme insoumis, après un délai de trente jours, et puni des peines édictées par l'article 230 du Code de justice militaire.

Est également considéré comme insoumis, le militaire qui a contracté un rengagement après renvoi dans ses foyers, qui, hors le cas de force majeure, n'est pas arrivé à sa destination, en temps de paix, dans les trente jours qui suivent le jour fixé par sa feuille de route.

---

(1) Les demandes de rengagement des sous-officiers renvoyés dans leurs foyers sont adressées au commandant du bureau de recrutement du domicile ou de la résidence. Cet officier supérieur les transmet au chef de corps pour lequel le sous-officier désire se rengager (art. 12 de l'instruction relative aux rengagements du 8 février 1911, vol. 685, p. 95).

Art. 85. — **Punitions disciplinaires.**

Sont passibles de peines disciplinaires :

Les militaires de la réserve et de la territoriale qui, rappelés à l'activité par voie d'affiches ou par ordres d'appels individuels, ne seront pas, hors le cas de force majeure, rendus le jour fixé indiqué par les affiches ou ordres d'appel, ou qui, étant convoqués d'urgence et sans délai, auront excédé le temps strictement nécessaire pour se rendre à leur destination;

Les militaires de la réserve de l'armée territoriale qui manquent à une revue d'appel ou y arrivent en retard;

Les militaires de la réserve ou de l'armée territoriale qui ont contrevenu aux obligations qui leur sont imposées par les articles 31 et 45 de la loi du 21 mars 1905 (c'est-à-dire qui, sur réquisition, n'ont pu représenter leur livret individuel ou n'ont pas fait les déclarations de changement de domicile ou de résidence dans les délais voulus).

Les punitions disciplinaires à infliger aux hommes de la réserve de l'armée active ne peuvent excéder huit jours de prison. Ce maximum est réduit à quatre jours pour les hommes de la territoriale et de sa réserve.

Ces punitions sont subies dans les locaux disciplinaires des corps les plus rapprochés.

DEUXIÈME PARTIE

Instruction du 20 juin 1910

RELATIVE

à l'administration des hommes des réserves dans leurs foyers

Instruction du 20 juin 1910, relative à l'administration des hommes des réserves dans leurs foyers.

Art. 10. — **Libération définitive.**

Les Français sont libérés définitivement du service militaire après vingt-huit années de service.

Toutefois, par mesure transitoire et par suite de l'application de la loi du 7 août 1913, la circulaire ministérielle du 18 février 1914 prescrit :

1º Que les territoriaux des classes 1887 à 1892 seront libérés définitivement au bout de vingt-six ans de service;

2º Que ceux des classes 1893 à 1912 le seront au bout de vingt-sept ans de service;

3º Enfin, que ceux des classes 1913 et postérieures accompliront intégralement vingt-huit années de service.

Art. 12. — **Classe de recrutement et classe de mobilisation.**

La classe de recrutement d'un homme est déterminée par le millésime de l'année de sa naissance, augmenté de 20; autrement dit, c'est le millésime de l'année dans laquelle il a eu vingt ans.

Ainsi, un homme né en 1883 appartient à la classe de recrutement de 1903, qui a été recensée et appelée au service en 1904 (1). Tous les hommes nés en 1883 sont portés sur les mêmes registres matricules de la classe 1903 dans chaque bureau de recrutement.

Cette classe est donc invariable pour chacun d'eux.

La classe de mobilisation d'un homme est déterminée par le millésime de l'année d'incorporation, diminué de un; ainsi, un homme né en 1883, incorporé en octobre 1904, fait partie de la classe de mobilisation de 1903 (2).

Pour les hommes de la même classe de recrutement appelés au service la même année, la classe de recrutement et la classe de mobilisation se confondent.

---

(1) A partir de la classe 1913, les hommes sont appelés au service dans l'année où ils atteignent leur vingtième année.

(2) A partir de la classe 1913, la classe de recrutement et la classe de mobilisation sont les mêmes.

Il n'en est pas de même des engagés volontaires, par exemple, qui, ayant commencé leur service militaire avant les hommes de leur classe de recrutement, doivent passer avant eux dans les différentes catégories de réserves (art. 32 de la loi du 21 mars 1905).

La classe de mobilisation des engagés volontaires est celle des hommes appelés à l'activité dans l'année de leur engagement.

C'est le numéro de cette classe de mobilisation qui est porté sur la couverture du livret individuel et c'est avec cette classe que ces hommes seront convoqués pour les périodes d'exercices et qu'ils marcheraient en cas de mobilisation.

Art. 21. — **Pères de quatre ou six enfants vivants.**

Nous avons vu, dans l'article 48 de la loi du 21 mars 1905, que les réservistes pères de quatre enfants passaient de droit dans l'armée territoriale, et que les pères de six enfants passaient dans la réserve de l'armée territoriale.

Les enfants nés d'un autre mariage procurent les droits ci-dessus (loi des finances du 13 juillet 1911).

Les pièces à produire sont :

L'acte de naissance des enfants;

Le certificat du maire constatant qu'ils sont tous vivants ou l'ont été simultanément.

Si, dans le nombre d'enfants pour lesquels les droits sont réclamés, un ou plusieurs appartenaient à l'épouse avant le mariage de l'homme, il sera joint aux pièces ci-dessus une copie de l'acte de mariage de l'époux (circulaire ministérielle du 3 novembre 1911).

Toutes ces pièces sont établies sur papier libre et sont adressées au commandant du bureau de recrutement avec la demande de l'intéressé faisant connaître la classe à laquelle il appartient.

Ces hommes sont ensuite inscrits sur les contrôles de la plus jeune classe de l'armée territoriale (quatre enfants) ou de la réserve de l'armée territoriale (six enfants). Ils termineront dans cette catégorie les années de service qu'ils n'auront pas accomplies dans la ou les catégories précédentes et ne seront libérés définitivement qu'après l'accomplissement des vingt-huit, vingt-sept ou vingt-six années de service. (Voir art. 10 ci-dessus.)

De même, ces hommes ne seront plus convoqués que pour les périodes ou revues auxquelles ceux de ces nouvelles classes sont astreints.

Art. 30. — Réforme ou classement dans le service auxiliaire.

Les hommes dans leurs foyers, qui se croient susceptibles d'être réformés ou classés dans le service auxiliaire, doivent en faire la déclaration à la gendarmerie de leur résidence, sans attendre l'époque des appels ou l'ordre de mobilisation. Ils ne sont pas tenus de faire connaître la nature de l'affection dont ils sont atteints, mais si cela ne les contrarie pas, ils peuvent remettre à la gendarmerie, avec leur demande, un certificat du médecin qui les a soignés; ils faciliteront ainsi le service de la commission de réforme.

Si ce certificat émane d'un médecin civil, il doit être visé par le maire de la commune.

La gendarmerie fait ensuite le nécessaire auprès du commandant du bureau de recrutement, qui assure la convocation des hommes devant la commission de réforme.

Si l'homme ne peut se déplacer pour répondre à la convocation, le commandant du bureau de recrutement provoque la visite de cet homme à domicile et la commission de réforme statue sur le vu des pièces de cette visite.

L'ordre de convocation donne droit au voyage à prix réduit en chemin de fer, pour l'aller et le retour.

Art. 31. — Réintégration dans l'armée des hommes réformés.

Les hommes des réserves réformés n° 1 ou 2 qui estiment que les motifs de leur réforme ont cessé d'exister et désireux d'être réintégrés dans l'armée, en font la demande écrite au général commandant la subdivision dont dépend leur résidence, par l'intermédiaire de la gendarmerie. Ils sont alors convoqués devant une commission de réforme, qui statue.

Si l'avis de la commission lui est favorable, il est réintégré dans sa classe de mobilisation avec son grade.

Cette mesure n'est pas applicable aux hommes qui ont été exemptés par les conseils de revision.

Art. 35. — Changement d'arme pour inaptitude physique.

Les hommes des réserves qui croient ne plus être aptes à servir dans l'arme à laquelle ils sont affectés en font la demande écrite au général commandant la subdivision dont dépend leur résidence, par l'intermédiaire de la gendarmerie.

Suivant la règle générale, ils sont convoqués devant une commission de réforme, qui émet un avis sur leur demande.

Les hommes des réserves peuvent être proposés d'office pour ces changements d'arme.

Art. 36. — Changement d'arme pour convenances personnelles.

Les changements d'armes motivés par une cause autre que l'état physique de l'homme sont prononcés par le Ministre.

Les intéressés feront parvenir leur demande, par l'intermédiaire de la gendarmerie, au commandant du bureau de recrutement de leur résidence.

Ils sont ensuite convoqués devant une commission de réforme appelée à donner son avis sur leur aptitude à l'arme dans laquelle ils désirent être affectés.

Les gradés qui sollicitent un changement d'arme doivent faire l'abandon de leurs galons.

Les hommes qui demandent à être affectés dans une section de commis et ouvriers militaires d'administration ou dans une section d'infirmiers militaires doivent produire un certificat d'aptitude professionnelle.

Art. 36 (suite). — Aviation.

Les hommes des réserves qui désirent accomplir leurs périodes d'exercices dans l'aviation militaire doivent justifier, au préalable, devant la commission instituée dans chaque groupe d'aéronautique, de leurs connaissances professionnelles, soit comme mécaniciens, soit comme pilotes d'aéroplanes.

Les intéressés adressent leur demande au colonel commandant le groupe d'aéronautique dont relève leur résidence qui les convoque, pour subir cet examen préalable, aux dates qu'il détermine suivant les nécessités du service (1).

---

(1) Ceux désirant servir dans les unités d'aérostation existant dans la métropole, au colonel commandant le 1ᵉʳ groupe d'aérostation, à Versailles.

Ceux désirant servir dans les unités d'aviation et résidant dans les 1ᵉʳ, 2ᵉ, 3ᵉ, 4ᵉ, 5ᵉ, 6ᵉ, 9ᵉ, 10ᵉ et 11ᵉ corps d'armée et gouvernement militaire de Paris, au colonel commandant le 2ᵉ groupe d'aviation, à Reims.

Ceux désirant servir dans les unités d'aviation et résidant dans les 7ᵉ, 8ᵉ, 12ᵉ, 13ᵉ, 14ᵉ, 15ᵉ, 16ᵉ, 17ᵉ, 18ᵉ et 20ᵉ corps d'armée et dans l'Afrique du Nord, au colonel commandant le 1ᵉʳ groupe d'aviation, à Dijon. (Arrêté ministériel du 28 novembre 1913, B. O., p. 1651.)

Les candidats qui subissent l'examen avec succès sont signalés, par les soins de cet officier supérieur, aux commandants des bureaux de recrutement de leur domicile, qui prononcent leur changement d'arme ou de corps et les affectent, avec leur grade, aux troupes d'aviation, d'après les indications du colonel commandant le groupe d'aéronautique.

Ces hommes accomplissent, dans ces troupes, leurs périodes normales d'exercices.

Sont affectés d'office aux troupes d'aviation, les hommes des réserves pourvus du brevet d'aviateur militaire, s'ils justifient en même temps des aptitudes physiques exigées du personnel navigant de l'armée active. (Circulaire ministérielle du 23 mars 1913, *B. O.*, p. 203.)

Art. 71. — **Retrait du livret individuel.**

L'homme doit toujours être en possession de son livret individuel.

Mais si, par exception, le commandant du bureau de recrutement avait besoin de consulter ce document, il doit lui en faire remettre un récépissé par le gendarme chargé de le lui retirer.

Art. 73. — **Perte du livret individuel et du fascicule.**

Si l'homme perd son livret individuel, il doit en faire immédiatement la déclaration à la gendarmerie de sa résidence.

Ce livret est remplacé par les soins du commandant du bureau de recrutement.

Si l'homme perd seulement le fascicule de mobilisation, le commandant de recrutement le fait remplacer dès qu'il a eu connaissance de la perte.

Art. 101. — **Hommes classés dans le service auxiliaire.**

Les hommes classés dans le service auxiliaire sont soumis aux mêmes obligations militaires que ceux du service armé.

Toutefois, par application des dispositions de l'article 41 de la loi de recrutement, les hommes du service auxiliaire sont dispensés d'accomplir les trois périodes d'exercices, sous la réserve qu'ils répondront à une revue d'appel au cours de leur cinquième année de service dans la réserve de l'armée active. (Circulaire ministérielle du 23 décembre 1912, *B. O.*, p. 1930.)

Art. 109. — **Changements de domicile et de résidence.
Définition.**

Le domicile de l'homme étant une des bases essentielles de son affectation dans un corps, il y a lieu de bien préciser la différence qui existe entre un changement de domicile et un changement de résidence.

Le changement de domicile est l'abandon du lieu que l'on habite, sans esprit de retour, pour se fixer définitivement ailleurs.

Le changement de résidence n'est qu'une absence plus ou moins prolongée du domicile qui reste le même.

Tout déplacement pour voyager, occuper un emploi, exécuter des travaux temporaires quelconques, etc..., qui, par conséquent, ne doit durer qu'un temps déterminé, relativement court, ne constitue qu'un changement de résidence.

Par contre, le fait d'un homme qui va s'établir dans une localité qui n'est pas son domicile, y installer un commerce, s'y marier, constitue un changement de domicile, ce qui ne l'empêchera pas de retourner dans son domicile primitif, l'expression « sans esprit de retour » ne devant pas être prise dans un sens absolu.

On ne saurait trop insister sur la nécessité qu'il y a, pour tout homme des réserves, de ne pas négliger de faire à la gendarmerie (1) de la nouvelle localité une déclaration de changement de résidence ou de domicile.

Outre qu'une négligence semblable peut comporter pour celui qui s'en rend coupable une punition de prison, il faut considérer qu'il y a là un devoir patriotique à remplir.

En effet, les bureaux de recrutement, chargés d'administrer tous les hommes des réserves, peuvent avoir à échanger à ces hommes, à toute époque de l'année, leur fascicule de mobilisation, ou à leur envoyer un ordre d'appel ou même une simple communication de service à leur faire.

Si donc ils ont quitté leur domicile ou leur résidence régulière sans déclaration, comment les trouver ?

Si l'on suppose un instant que la mobilisation soit décrétée, les hommes qui n'auront pas sur eux, dans leur livret, le fascicule de mobilisation qu'ils doivent posséder, iront rejoindre un corps de troupe où ils ne comptent plus peut-être, et celui auquel ils appartiennent les fera rechercher comme insoumis.

Ou bien encore ces hommes, à la recherche de leur corps, encombreront inutilement les chemins de fer et risquent d'arriver dans une garnison après le départ de leur compagnie, de leur escadron ou de leur batterie.

---

(1) Voir le renvoi (1), page 14.

La pensée seule des ennuis qu'une pareille négligence peut leur attirer devrait suffire pour que chacun ait à cœur de se trouver toujours en situation régulière vis-à-vis de l'autorité militaire.

Lorsqu'un homme des réserves vient faire à la gendarmerie, à la mairie ou au commissariat de police, une déclaration de changement de domicile ou de résidence, l'autorité qui la reçoit vise le livret individuel de l'homme.

Art. 118. — Changements de résidence
au moment de la libération
et changements d'adresse dans les villes.

Au moment de leur renvoi dans leurs foyers, les militaires libérés du service actif qui se retirent dans une localité autre que celle de leur domicile de recrutement, ou dans la même localité. mais à une autre adresse, doivent, dans les huit jours qui suivent la date de leur libération, effectuer une déclaration de changement de résidence.

L'homme qui change d'adresse dans une ville de plus de 5.000 habitants doit en faire la déclaration à la gendarmerie, à la mairie ou au commissariat de police.

Art. 119. — Résidence prolongée.

Les brigades de gendarmerie signalent, après enquête, au commandant du bureau de recrutement de leur subdivision, dans la première quinzaine de décembre, les hommes dont la résidence prolongée dans une localité prendrait, en raison de circonstances particulières, telles que mariage, établissement durable, etc..., le caractère d'une véritable élection de domicile. Le commandant du bureau de recrutement peut faire alors effectuer le changement de domicile.

Par conséquent. lorsqu'un homme a fait un changement de résidence et que par suite des circonstances ci-dessus. il reste fixé dans cette résidence, il doit faire une déclaration de changement de domicile sans attendre que la gendarmerie l'ait signalé au bureau de recrutement.

Art. 122. — Hommes non inscrits maritimes
qui s'embarquent pour des parages éloignés.

Ces hommes, encore soumis à des obligations militaires, qui se livrent à la navigation, sont tenus. chaque

---

(1) Voir le renvoi (1), page 14.

fois qu'ils s'embarquent pour des parages éloignés (long cours, grandes pêches), de faire à la gendarmerie, à la mairie ou au commissariat de police, une déclaration de changement de résidence pour voyager.

Art. 124. — **Hommes en résidence à l'étranger.**

Lors même qu'un homme s'est fixé à l'étranger, il est considéré comme ayant simplement changé de résidence. Son domicile est toujours en France.

Les hommes qui se rendent à l'étranger doivent, avant leur départ, en faire la déclaration. En arrivant à l'étranger, ils doivent, munis de leur livret individuel, se présenter devant le consul de France ou l'agent diplomatique.

S'ils se déplacent à l'étranger, ils doivent en faire la déclaration aux mêmes autorités.

Si l'éloignement du poste diplomatique ou consulaire rend le déplacement trop long ou trop dispendieux, l'intéressé fait connaître par écrit à cet agent son arrivée ou son changement de résidence et joint son livret à sa lettre.

L'agent consulaire vise le livret et envoie la copie de la déclaration de résidence au bureau de recrutement par l'intermédiaire du Ministre.

Le livret est ensuite retourné à l'homme.

On ne saurait trop insister sur la nécessité qu'il y a, pour chaque homme, à se conformer à ces prescriptions réglementaires.

L'utilité qu'il y a à ce que les bureaux de recrutement connaissent la résidence de tous les hommes des réserves ne doit échapper à personne, pas plus à ceux qui résident dans la métropole qu'à ceux qui sont à l'étranger.

Ces derniers savent bien d'ailleurs qu'ils sont dispensés de leurs périodes d'exercices s'ils sont hors d'Europe et ajournés de ces périodes s'ils sont en Europe.

D'ailleurs, il est du devoir de tout commandant de recrutement de leur faire connaître l'une ou l'autre de ces décisions au moment de l'appel normal de leur classe de mobilisation.

D'autre part, si leur classe de mobilisation venait à être rappelée sous les drapeaux par décret, les hommes qui sont en résidence à l'étranger devraient, comme ceux de la métropole, recevoir un ordre d'appel.

Comment cet ordre leur parviendra-t-il, s'ils se trouvent en résidence irrégulière ?

Résultat : ennuis nombreux pour ces hommes, créés par une négligence, qu'une formalité, simple en apparence, mais grosse de conséquences, aurait pu leur éviter.

RECOMMANDATION IMPORTANTE.

Il a été rendu compte au Ministre que des hommes se rendant à l'étranger avaient utilisé leur livret individuel comme pièce justificative d'identité et que des fonctionnaires chargés de la vérification de l'état civil des intéressés avaient profité de cette circonstance pour prendre copie des instructions portées sur les fascicules de mobilisation.

Pour éviter le retour de cette pratique défectueuse, les hommes seront invités à ne jamais se servir à l'étranger de leur livret individuel comme pièce d'identité. (Dépêche ministérielle du 8 janvier 1914, n° 80 1/11.)

ART. 182. — Changements de domicile et de résidence pour certains hommes.

Les hommes classés dans l'affectation spéciale, la non-affectation ou la non-disponibilité, sont seuls affranchis des déclarations de changement de domicile ou de résidence, en raison de l'administration spéciale de ces hommes.

ART. 190. — Appels du temps de paix.

En principe, les obligations militaires imposées en temps de paix aux hommes des différentes catégories de réserve sont celles indiquées à l'article 41 de la loi du 21 mars 1905, modifiée le 14 avril 1908.

Mais les hommes qui ont contracté l'engagement volontaire de trois ans, avec faculté de renvoi au bout de la deuxième année, tel qu'il était prévu par l'article 50 de la loi du 21 mars 1905, avant sa modification par la loi du 7 août 1913, et qui ont été renvoyés effectivement après ces deux ans, ont cinq périodes à accomplir, savoir : une de vingt-trois jours, deux de dix-sept jours et deux de neuf jours.

ART. 191. — Détermination des classes à convoquer.

Les classes et les catégories qui doivent être convoquées l'année suivante, pour des périodes d'exercices ou des revues d'appel, sont fixées par une circulaire ministérielle qui paraît chaque année avant le 15 octobre.

Les appels spéciaux auxquels sont astreints les hommes de la réserve de l'armée territoriale (garde de voies de communication, auxiliaires d'artillerie) font l'objet d'instructions particulières.

En principe, les convocations sont réglées comme il suit :

a) Les hommes de la réserve de l'armée active sont convoqués :

1º Pour vingt-trois jours (1er appel), dans la deuxième année de service dans la réserve;

2º Pour dix-sept jours (2e appel), dans la cinquième ou la sixième année de service dans la réserve;

b) Les hommes de l'armée territoriale sont convoqués pour neuf jours (3e appel), dans la première, deuxième ou troisième année de service dans cette armée;

c) Les hommes de la réserve de l'armée territoriale dont les unités ont été désignées par le Ministre (voir art. 41 de la loi du 21 mars 1905, modifiée le 7 août 1913), sont convoqués pour une revue d'appel dans la première année de service dans cette réserve, ainsi que les hommes du service auxiliaire dans leur cinquième année de service dans la réserve de l'armée active.

Les hommes convoqués pour dix-sept et neuf jours peuvent se demander pourquoi ils ne sont pas tous convoqués la même année, comme ceux du 1er appel ?

Cela tient à ce que, pour certaines armes, les mêmes corps de réserve et les mêmes corps territoriaux ne sont convoqués que tous les deux ans et par deux classes à la fois, comme il sera expliqué plus loin.

Art. 194. — **Hommes des réserves domiciliés sur le continent et résidant en Corse ou inversement.**

Les hommes des réserves qui ont leur domicile sur le continent mais résidant en Corse, ou, inversement, ceux qui ont leur domicile en Corse et résidant sur le continent, sont appelés, en principe, en même temps que les hommes domiciliés dans la subdivision où ils résident, appartenant à la même arme et ayant à répondre au même appel. Ils sont convoqués pour accomplir leur période d'exercices : les premiers, dans l'île, et autant que possible dans un corps de leur arme; les seconds, dans le corps de leur arme le plus voisin de leur résidence dans lequel a lieu un appel de même nature que celui auquel ils sont astreints.

Art. 195. — **Conditions dans lesquelles s'effectuent les périodes d'exercices et détermination des dates d'accomplissement de ces périodes.**

Les réservistes et territoriaux, astreints à une période dans le courant de l'année, sont convoqués soit simultanément, soit en plusieurs séries, d'après certains principes dictés par des nécessités de service, de casernement, etc..., et par des décisions ministérielles.

Les dates d'accomplissement des périodes sont fixées par le Ministre pour les périodes de vingt-trois jours (1er appel), et par le général commandant le corps d'armée pour les autres.

ART. 196. — 1er appel.

A) INFANTERIE.

Les convocations ont lieu dans les conditions suivantes :

Les réservistes astreints au premier appel sont, en principe, convoqués en une seule série, à l'époque des manœuvres d'automne.

Mais les réservistes auxquels la convocation pendant les manœuvres d'automne causerait un préjudice réellement par trop grave, par exemple : réservistes des villes d'eaux, stations d'été et balnéaires, viticulteurs pour lesquels les vendanges ont lieu pendant les manœuvres, compagnies de tramways, etc..., peuvent être exceptionnellement convoqués, soit vers la fin de l'année, par appel supplémentaire, soit avant les manœuvres suivantes, au moment des exercices d'ensemble de leur corps (tirs de combat, manœuvres avec tirs réels, etc...).

Nous verrons plus loin la marche à suivre pour obtenir la faveur de ne pas être convoqué pendant les manœuvres.

B) TOUTES LES AUTRES ARMES.

Les réservistes astreints au 1er appel sont convoqués en une ou plusieurs séries, dont l'une peut coïncider avec la période des manœuvres.

RENSEIGNEMENTS SUR LA CARTE POSTALE-AVIS.

L'instruction du 16 janvier 1911 prescrit l'envoi, à tout homme des réserves devant être convoqué l'année suivante, par les bureaux de recrutement, d'une carte postale-avis, les informant qu'ils auront à accomplir une période d'exercices dans le courant de ladite année suivante.

Cette carte postale-avis doit être adressée aux intéressés chaque année dans le courant du mois de novembre. Une note du 14 juin 1911 prescrit un modèle spécial de cartes postales-avis pour les hommes qui seront convoqués dans des corps autres que l'infanterie, où les appels auront lieu par séries ou appels échelonnés.

Dans ce cas, les hommes détachent la deuxième partie de cette carte postale-avis et la retournent affranchie à l'adresse de leur chef de corps, après y avoir indiqué l'époque qui leur conviendrait le mieux pour accomplir leur période.

Il sera tenu compte, dans la mesure du possible, de leur désir ainsi exprimé.

Cette carte (deuxième partie), au lieu de l'affranchir, peut être remise à la gendarmerie, qui la fera parvenir.

Nous verrons plus loin, dans l'article « allocations journalières à titre de soutien de famille », ce que devient la première partie de cette carte postale-avis.

Deuxième appel.

A) INFANTERIE.

L'appel des réservistes a lieu, en principe, chaque année, par deux classes à la fois, dans la moitié des corps de troupe d'infanterie, y compris ceux de l'infanterie coloniale.

La convocation a lieu à des périodes variables, suivant les corps, mais, en principe, pour un même corps, elle ne comporte qu'un seul appel, de préférence au printemps, et la période est faite dans un camp d'instruction. Mais, comme pour les réservistes du premier appel, il peut y avoir un appel supplémentaire en fin d'année; la participation à cet « appel supplémentaire » ne doit être autorisée qu'à titre exceptionnel.

B) TOUTES AUTRES ARMES.

Les dispositions sont les mêmes que pour les réservistes du premier appel de ces armes.

Troisième appel.

ARMÉE TERRITORIALE.

La convocation des territoriaux a lieu par deux classes chaque année, dans la moitié des corps pour l'infanterie, la cavalerie et le génie, sauf pour les compagnies de sapeurs conducteurs.

Ce qui revient à dire que le même corps territorial n'est convoqué que tous les deux ans.

Les corps de troupe territoriaux sont, en principe, convoqués et maintenus pendant la durée de leur période d'exercices au lieu de mobilisation de leur corps actif de rattachement, sauf exception qui ne peut être donnée que par le Ministre.

De même que pour les réservistes, il peut y avoir, pour les territoriaux, un « appel supplémentaire » en fin d'année; la participation à cet « appel supplémentaire » ne doit être autorisée qu'à titre exceptionnel.

Dans toutes les autres armes, la convocation a lieu soit par une ou deux classes et par séries ou appels échelonnés.

Art. 202. — **Non-convocation pendant les périodes électorales.**

Aucun homme des réserves ne doit être présent sous les drapeaux pour l'accomplissement d'une période d'exercices au moment des élections auxquelles il peut être appelé à prendre part.

Pour cela, les autorités civiles et militaires prennent des mesures en conséquence.

Malgré ces mesures, quand la date d'une élection a dû être fixée au moment d'une période d'exercices, il appartient à l'homme des réserves, convoqué pour cette période et ayant à prendre part au scrutin, de remettre son ordre d'appel, contre récépissé, au maire de la commune où il est électeur. Celui-ci, après s'être assuré que l'intéressé est inscrit sur les listes électorales, transmet l'ordre d'appel au commandant du bureau de recrutement qui l'a établi, en lui faisant connaître la nature et les dates (premier tour et scrutin de ballottage) de l'élection, et en certifiant que celui auquel était destiné le document renvoyé est électeur dans sa commune.

Le commandant du bureau de recrutement prévient l'homme qu'il recevra ultérieurement un nouvel ordre d'appel et rend compte de ce contre-ordre au chef de corps.

Les hommes des réserves qui, ayant négligé de se conformer aux dispositions indiquées plus haut, se présentent à leur corps au jour fixé par leur ordre d'appel et justifient de leur qualité d'électeur dans une commune, siège de l'élection, sont renvoyés immédiatement dans leurs foyers et convoqués ultérieurement pour accomplir intégralement leur période.

Si la date d'une élection n'a pu être fixée que postérieurement au début de la période d'exercices, les hommes des réserves ayant à y prendre part sont libérés, par anticipation, la veille du scrutin, sur le vu d'un certificat du maire de leur commune, analogue à celui dont il a été question plus haut, et leur période est considérée comme accomplie. (Circulaire ministérielle du 21 septembre 1912, *B. O.*, p. 1482.)

Art. 211. — **Affiches de renseignements.**

Tous les ans, vers le 1er décembre, des affiches sont placées dans les mairies, au siège des brigades de gendarmerie, aux bureaux de poste et dans les gares; elles renseignent les hommes des différentes catégories de réserve sur les obligations qui leur incombent au cours de l'année suivante.

Art. 212. — **Renseignements à faire figurer sur les affiches.**

Les affiches font connaître :

Les classes ou fractions de classes et les différentes catégories de réservistes ou territoriaux appelés sous les drapeaux, au cours de l'année suivante, pour une période d'exercices ou une revue d'appel;

Les corps dans lesquels n'est constituée qu'une seule série et ceux qui en forment plusieurs ou dans lesquels auront lieu des appels échelonnés.

Ces affiches donnent aussi quantité d'autres renseignements qui peuvent être très utiles aux réservistes et territoriaux susceptibles d'être convoqués et leur recommandent, en outre, de toujours porter avec eux leur livret individuel quand ils vont à la gendarmerie remettre une demande ou obtenir un renseignement.

Une partie de l'affiche est spécialement affectée aux renseignements concernant les revues d'appel.

Leur lecture s'impose à tout homme des réserves soucieux de toujours être en règle avec l'autorité militaire.

Art. 215. — **Mode de convocation pour les périodes d'exercices.**

Les hommes des différentes catégories de réserves, astreints à une période d'exercices, sont convoqués, par ordre d'appel individuel, qui doit, en principe, leur être remis par la poste au moins deux mois avant la date fixée pour le commencement de la période. Les hommes convoqués, qu'ils rejoignent par voie de terre ou en chemin de fer, doivent arriver au corps aux jour et heure fixés par cet ordre d'appel.

Art. 216. — **Ordres d'appel.**

L'ordre d'appel est du format carte postale double en usage dans l'administration des postes.

La première partie (feuille blanche) est gardée par l'homme; elle lui sert de feuille de route pour se rendre à la convocation et pour rentrer dans ses foyers.

La deuxième partie (feuille rose) forme le récépissé qui doit être immédiatement retourné au commandant du bureau de recrutement qui l'a établi.

Dès la réception de son ordre d'appel, l'homme détache le récépissé, le date, le signe et le remet à la poste, sans l'affranchir.

Lorsqu'un homme des réserves perd son ordre d'appel, il doit en aviser le commandant du bureau de recrutement de son domicile, qui lui en fait parvenir un duplicata.

La non-observation de cette recommandation exposerait l'homme à se voir refuser à la gare un billet de chemin de fer au tarif militaire.

Art. 217. — Dispenses des périodes d'exercices. Définitions.

La dispense d'une période d'exercices est la suppression définitive de l'accomplissement de cette période.

Art. 218. — Dispenses instituées par l'article 64 de la loi du 21 mars 1905.

La loi du 14 avril 1908, modifiant l'article 64 de la loi du 21 mars 1905, a institué des dispenses de périodes en faveur de certains militaires.

Mais, pour avoir droit à ces dispenses, les militaires doivent avoir compté à l'effectif d'un corps actif pendant trois ou quatre ans au moins jour par jour (à partir de la classe 1913, quatre ou cinq ans; voir article 64 de la loi du 21 mars 1905, modifié le 7 août 1913). Le renvoi anticipé dans ses foyers ou le congé de réforme temporaire enlèvent à l'homme le bénéfice de la dispense.

Les réservistes qui ont fait trois années de service actif par suite de maintien au corps par mesure de discipline ne peuvent bénéficier de la dispense.

En principe, le séjour dans les colonies ou pays de protectorat dépendant du ministère des colonies peut seul donner droit au bénéfice de la dispense de la première période des réserves, instituée par la loi du 14 avril 1908.

Par mesure de bienveillance, le bénéfice de la dispense a été étendu :

1° Aux hommes qui ont séjourné dans la région saharienne;

2° A ceux qui ont obtenu la médaille coloniale au titre de l'Algérie, de la Tunisie ou du Sahara;

3° A ceux qui, en Algérie et en Tunisie, ont pris part à des colonnes dont mention a été faite sur leurs états de services;

4° Aux militaires qui ont séjourné en Chine ou en Crète;

5° A ceux qui ont fait partie des troupes débarquées à Casablanca (Maroc);

6° A ceux qui ont pris part, soit au Maroc, soit sur la frontière algéro-marocaine, à des opérations donnant droit au bénéfice de la campagne de guerre.

Tous les hommes compris dans les six paragraphes ci-dessus sont dispensés de la première des périodes de réserve et n'ont aucune démarche à faire pour cela; c'est au commandant de recrutement qu'il appartient de faire le nécessaire pour qu'ils ne soient pas convoqués.

Art. 219. — Dispense de la période
dans l'armée territoriale en faveur des sapeurs-pompiers

Les hommes de l'armée territoriale inscrits sur les contrôles d'une compagnie de sapeurs-pompiers, régulièrement organisée, depuis au moins deux ans, et qui ont contracté un engagement de cinq ans, sont dispensés de leur période de neuf jours, d'après la loi du 25 février 1914, modifiant l'article 41 de la loi du 21 mars 1905: mais en cas d'inexécution de cet engagement, les sapeurs-pompiers seront rappelés pour la période d'instruction dont ils auront été dispensés.

La période de deux années d'inscription peut ne pas avoir été remplie dans une même compagnie, le droit à la dispense n'en existe pas moins, car ce qu'a voulu récompenser le législateur ce sont les services rendus là ou ailleurs.

Les musiciens des compagnies de sapeurs-pompiers n'ont pas droit à cette dispense.

C'est le maire de la commune qui doit faire le nécessaire pour que cette dispense soit accordée. Néanmoins, aussitôt que l'affiche annuelle de renseignements a été placardée, les intéressés feront bien de s'assurer à la mairie que le nécessaire sera fait en ce qui les concerne.

Les commandants de recrutement doivent prévenir les intéressés de la dispense qui leur est accordée au titre de sapeurs-pompiers.

Art. 221 et 239. — Dispenses en faveur
des hommes établis à l'étranger.

a) Les hommes en résidence régulière à l'étranger hors d'Europe sont dispensés de leurs périodes **de** réserve et de territoriale (article 41 de la loi du 21 mars 1905);

b) Les hommes en résidence régulière en Europe sont ajournés de leurs périodes de réserve et de territoriale jusqu'à leur retour en France; mais si, à leur retour, leur classe a été normalement convoquée précédemment pour une période d'exercices. cette période est considérée comme faite pour eux.

c) Les hommes en résidence régulière en Europe, dans les pays limitrophes, sont convoqués, comme ceux résidant en France, par l'intermédiaire des consuls, mais ils ne sont pas tenus de répondre à cet appel. Dans ce cas, ils sont traités comme ceux du paragraphe *b)*.

Les uns et les autres reçoivent, de leur recrutement, avis, et lors de l'appel normal de leur classe de mobilisation, de l'ajournement ou de la dispense qui leur est ainsi conféré.

Cette mesure a pour but de régulariser la situation militaire des intéressés et de leur rappeler, en même temps, et les liens qui les unissent à l'armée française et les devoirs qui en découlent pour le cas de mobilisation.

Art. 222. — Dispenses en faveur des services auxiliaires.

Nous avons vu plus haut (art. 10), que les hommes du service auxiliaire étaient dispensés des trois périodes. mais assujettis à une revue d'appel dans la cinquième année de service dans la réserve.

Art. 224. — Ajournement des périodes. Changement de serie. — Définitions.

L'ajournement d'une période d'exercices est le report d'une convocation à une date ultérieure pour une période similaire à accomplir, soit l'année suivante, soit deux ans après.

Le changement de série est le report d'une convocation à une date ultérieure pour une période de même durée à accomplir, dans la même année. avec les hommes d'une autre « série ».

Art. 225. — Formalités à remplir pour obtenir un ajournement. — Dispositions générales

La loi du 14 avril 1908 a déterminé les conditions dans lesquelles les hommes des réserves pouvaient obtenir un ajournement. (Toute impossibilité d'ordre matériel ou moral, tout préjudice grave et dûment justifié, notamment celui qui provient de calamités exceptionnelles, telles qu'inondations, incendies, pertes de bétail ou de récoltes, chômages prolongés d'ouvriers, doivent être considérés comme rentrant dans le cas de force majeure prévu par la loi.)

Les hommes qui sollicitent un ajournement remettent leur demande motivée et établie à l'adresse de leur chef de corps, à la brigade de gendarmerie de leur résidence, qui procède immédiatement à une enquête sur la valeur des motifs invoqués, puis transmet sans retard la demande et son enquête au chef de corps.

Le chef de corps fait connaître directement sa décision aux intéressés par carte de correspondance. Si la demande est accueillie, l'homme garde cette carte et remet son ordre d'appel à la gendarmerie ou bien il l'envoie par la poste, sous enveloppe ouverte et non affranchie, à l'adresse du commandant du bureau de recrutement qui l'a établi.

Si la demande n'est pas accueillie, l'homme garde son ordre d'appel auquel il doit obéir et retourne au **chef** de corps la carte de correspondance datée et signée à l'endroit à ce réservé (par la poste et sans affranchir).

Mais, dans l'un et l'autre cas, le récépissé de l'ordre d'appel a dû être retourné au bureau de recrutement dès sa réception.

Art. 226. — **Demandes d'ajournement pour raisons de santé.**

Les intéressés établissent leur demande, comme ceux ci-dessus, et sont invités par la gendarmerie à se présenter, munis de leur livret individuel, au service de la place la plus voisine pour être visités par un médecin militaire. Si, en raison de leur état de santé, ils ne peuvent se déplacer, et s'ils résident dans une ville de garnison, ils sont visités à domicile par un médecin militaire, à la diligence du service de place prévenu par la gendarmerie.

S'ils résident en dehors de toute garnison, ils sont visités par un médecin civil en présence d'un militaire de la gendarmerie.

Le certificat de visite est envoyé par l'intéressé à la gendarmerie, qui le joint à l'appui de sa demande avant de l'envoyer au chef de corps.

Si le certificat est signé par un médecin civil, sa signature est légalisée par le maire.

Les hommes qui sollicitent un ajournement pour raisons de santé peuvent, le cas échéant, être convoqués devant une commission spéciale de réforme qui peut prononcer l'ajournement ou le refuser.

Art. 227. — Demandes d'ajournement
en cas d'urgence.

En cas de nécessité urgente (par exemple : décès de la femme ou d'un enfant à la veille de la mise en route), l'homme peut demander un ajournement à son chef de corps directement par télégramme avec réponse payée.

Si l'ajournement est accordé, l'homme conserve la réponse de son chef de corps et remet son ordre d'appel à la gendarmerie de sa résidence.

Après quoi, le chef de corps fait procéder à une enquête par la gendarmerie pour vérifier les faits invoqués par l'homme. S'ils sont reconnus inexacts, l'homme est puni de prison.

Art. 231. — Devancement d'appel
pour les périodes d'exercices. — Définitions.

Le devancement d'appel consiste dans l'accomplissement d'une période d'exercices, soit l'année même dans laquelle doit avoir lieu l'appel normal, soit à une date antérieure à celle qui était fixée, soit l'une des années précédant celle de cet appel.

Art. 232. — Dispositions générales.

Les devancements d'appel peuvent être accordés :

1° Pour la même année, aux hommes appartenant à des corps dans lesquels ont lieu des appels par séries ou appels échelonnés;

2° Pour une des années précédentes, à titre tout à fait exceptionnel, et à la condition qu'ils accomplissent une période d'exercices identique à celle à laquelle ils seraient normalement convoqués, aux hommes appartenant à des corps convoquant en même temps tous les hommes astreints au même appel.

Les intéressés remettent leur demande à l'adresse de leur chef de corps à la gendarmerie et se conforment ensuite aux prescriptions indiquées à l'article 225 ci-dessus.

Art. 233 — Dispositions spéciales.

Les territoriaux qui, par suite d'engagements volontaires, de rengagement ou de commission, ont été libérés du service actif, soit dans l'année où leur classe de mobilisation est normalement appelée pour une période d'exercices, soit dans l'année qui précède, sont considérés comme ayant accompli cette période par devancement d'appel alors qu'ils étaient sous les drapeaux.

Ces dispositions ne sont pas applicables aux sous-officiers retraités.

Les intéressés n'ont pas de demande à établir.

ART. 234. — Changements de destination pour les périodes d'exercices.

Il ne peut être accordé aucun changement de destination pour les périodes d'exercices.

Ce qui revient à dire qu'un homme qui doit normalement accomplir sa période à Digne ne peut pas demander à faire sa période à Lyon.

ART. 235. — Demandes ayant pour objet de choisir ou de faire modifier la date de convocation pour une période d'exercices dans l'année même de cet appel.

Les hommes qui sollicitent un devancement d'appel pour la même année (art. 232, § 1°), ou un changement de série (dans le cas de force majeure tel qu'il est défini à l'article 225, toute demande de changement de série doit être accueillie), adressent directement leur demande à leur chef de corps ou de service, aussitôt l'apposition des affiches de renseignements.

Ils peuvent aussi adresser leur demande, dès qu'ils ont reçu leur ordre d'appel, ou encore, en cas de nécessité urgente, par dépêche télégraphique avec réponse payée.

Ces demandes sont adressées directement au chef de corps, mais si elles sont remises à la gendarmerie, soit parce que les intéressés n'ont pas la franchise postale ou télégraphique, ou pour toute autre raison, celle-ci doit les transmettre aussitôt, sans faire d'enquête.

Les intéressés sont prévenus de la solution donnée à leur demande, comme il est dit à l'article 225, auquel ils sont eux-mêmes tenus de se conformer.

ART. 236. — Dispositions spéciales aux réservistes d'infanterie astreints au 1er appel, qui demandent à ne pas être convoqués pour l'appel normal des manœuvres d'automne.

Les réservistes qui estiment que leur convocation pendant les manœuvres leur serait particulièrement préjudiciable peuvent solliciter la faveur de ne pas être convoqués à cette époque.

Ils doivent remettre leur demande, à l'adresse **de** leur chef de corps, avant le 15 juin, à la gendarmerie.

Cette demande, dûment motivée et justifiée, doit faire ressortir :

1° Si le préjudice que leur occasionne cette convocation est spécial à l'année courante ou s'il doit se reproduire tous les ans;

2° Si une convocation après les manœuvres d'automne, dans l'année courante ou l'année suivante, avant ces manœuvres, leur serait moins préjudiciable.

A moins de circonstances exceptionnelles, les demandes remises après le 15 juin ne seront pas examinées.

Les chefs de corps font connaître leur décision (affirmative ou négative) aux intéressés avant le 1ᵉʳ août au plus tard.

Les hommes se conforment, si leur demande est accueillie, aux prescriptions de l'article 225 ci-dessus.

Art. 237. — **Périodes d'exercices contremandées.**

Lorsque, pour une raison quelconque (épidémie, élections, etc...), les hommes ont été prévenus, par leur corps d'affectation, que leur période était contremandée, ils doivent conserver la carte qui les a informés de cette mesure et remettre leur ordre d'appel, soit à la gendarmerie de leur résidence, soit à la poste sous enveloppe non fermée et non affranchie, à l'adresse du commandant du bureau de recrutement qui l'a établi.

Art. 242. — **Mise en route des hommes convoqués pour une période d'exercices.**

Les hommes convoqués doivent se mettre en route de manière à être rendus à destination au jour et à l'heure fixés par leur ordre d'appel.

Ceux qui n'auraient pas reçu de réponse à une demande d'ajournement ou de changement de série au moment de partir doivent rejoindre leur corps.

Pour bénéficier du tarif réduit en chemin de fer, auquel leur donne droit la présentation de leur ordre d'appel, les hommes doivent suivre l'itinéraire le plus direct.

Art. 245. — **Hommes qui ne rejoignent pas en temps utile ou qui ne répondent pas à la convocation**

Les réservistes et territoriaux qui, sans motif légitime, se présentent en retard au corps, sont punis disciplinairement par le chef de corps et sont tenus d'accomplir intégralement leur période.

Ceux qui arrivent avant le quatrième jour effectuent immédiatement leur période.

Ceux qui se présentent après le troisième jour sont informés que leur période est reportée à une date ultérieure, mais ils subissent immédiatement la punition qui leur a été infligée pour retard.

Les hommes qui, sans motif légitime, manquent à la convocation, sont déclarés insoumis dans les délais prévus par l'instruction sur l'insoumission.

**ART. 248. — Renvoi des hommes dans leurs foyers
après une période d'exercices.**

Les hommes sont renvoyés dans leurs foyers avec leur ordre d'appel, préparé en conséquence.

Dans des circonstances particulières, les hommes ainsi libérés peuvent être autorisés **par leur chef de corps** à bénéficier du tarif militaire pendant deux jours après la date de départ inscrite dans la case « Retour » de leur ordre d'appel.

Ceux qui sont admis à profiter de ce délai doivent présenter à la gare une autorisation spéciale signée par le chef de corps.

De même, l'ordre d'appel peut être utilisé dans un délai de trois jours avant la date fixée pour l'arrivée au corps.

Ces deux renseignements figurent sur les ordres d'appel.

ART. 254, 255, 256. — Revues d'appel.

En principe, la revue d'appel a lieu au chef-lieu de canton le jour de la séance du conseil de revision, sauf pour les communes éloignées du chef-lieu de canton.

Pour les hommes de ces communes, la revue est passée par la gendarmerie, le dimanche autant que possible.

Les uns et les autres sont convoqués par ordre d'appel individuel.

Les hommes doivent être porteurs de leur livret individuel.

L'affiche annuelle relative aux tournées des conseils de revision indique également les communes dans lesquelles la revue sera passée par la gendarmerie.

Les hommes en voyage peuvent se présenter à la revue d'appel de l'endroit le plus rapproché de celui où ils se trouvent.

Comme pour les périodes d'exercices, le récépissé (partie rose) de l'ordre d'appel doit être immédiatement retourné au commandant du bureau de recrutement qui l'a établi, après avoir été daté et signé des intéressés.

Art. 259. — **Réforme.**

Si parmi les hommes qui répondent à la revue d'appel, au chef-lieu de canton, il y en avait qui paraissent avoir perdu l'aptitude physique nécessaire pour être utilisés en cas de mobilisation, ils sont visités par un des médecins qui assistent le conseil de revision et le commandant de recrutement les convoque devant la plus prochaine commission de réforme.

Dans les communes où la revue d'appel est passée par la gendarmerie, celle-ci signale ces hommes au commandant du bureau de recrutement, qui fait le nécessaire.

Art. 260. — **Dispenses des revues d'appel.**

Sont dispensés des revues d'appel :

1° Les hommes fixés à l'étranger et ayant fait les déclarations prescrites;

2° Les membres de l'enseignement secondaire et primaire, lorsque cette revue coïncide avec la période scolaire;

3° Sont également dispensés de la revue d'appel tous les hommes de la réserve de l'armée territoriale affectés à la garde des voies de communication et des points importants du littoral.

Les dispenses des revues d'appel ne donnent lieu à aucune demande de la part des intéressés.

Art. 261. — **Punitions pour manquements aux revues d'appel.**

Les hommes qui seront arrivés en retard ou auront manqué à la revue d'appel sont passibles d'une peine disciplinaire, dont le maximum est de quatre jours de prison.

Art. 264. — **Appels spéciaux des hommes de la réserve de l'armée territoriale.**

Les hommes de la réserve de l'armée territoriale affectés au service de garde des voies de communication ou des points importants du littoral, ou comme auxiliaires d'artillerie des places fortes, sont convoqués par ordres d'appel individuels d'après des instructions particulières du Ministre. Ils peuvent obtenir des ajournements dans la forme indiquée pour les périodes d'exercices des réservistes et des territoriaux.

Les hommes ayant manqué, sans motif légitime, à la convocation, qui seront arrivés en retard, peuvent être punis disciplinairement.

De même ceux qui se seront rendus coupables d'absence illégale au cours d'un exercice seront punis de prison.

Instruction du 21 janvier 1910
sur les commissions spéciales de réforme.

Nous avons vu dans l'article 30 de l'instruction du 20 juin 1910 (page 22) les règles applicables aux hommes des réserves dans leurs foyers qui demandent à être réformés ou classés dans les services auxiliaires.

Art. 58. — Examen des hommes du service auxiliaire par les commissions spéciales de réforme.

Tout homme des réserves classé dans le service auxiliaire qui estime que les causes qui l'ont fait classer dans ce service ont disparu peut demander à être classé dans le service armé.

Il établit une demande, qui est remise à la gendarmerie, qui la transmet au commandant du bureau de recrutement.

Cet officier supérieur prend toutes les dispositions nécessaires pour la convocation de cet homme devant la commission spéciale de réforme, et l'établissement de son dossier.

Art. 59. — Classement dans le service auxiliaire par les commissions de réforme.

Les hommes des réserves peuvent aussi demander leur classement dans les services auxiliaires ou même être proposés d'office.

La marche à suivre est la même que celle indiquée à l'article 30 de l'instruction du 20 juin 1910 (page 22).

Instruction du 11 janvier 1911 sur les allocations dues aux soutiens de famille, mise en concordance avec les articles 12 et 50 de la loi du 7 août 1913.

ART. 21. — **Allocation journalière.**

Les hommes des réserves, remplissant effectivement les devoirs de soutien de famille, peuvent recevoir, pendant la durée de leur période d'exercices, une allocation journalière de 0 fr. 75, qui est majorée de 0 fr. 25 pour chaque enfant âgé de moins de 16 ans qui se trouve réellement à leur charge, alors même que les réservistes ou territoriaux ne sont pas les pères de ces enfants.

Les allocations peuvent être accordées à des réservistes ou territoriaux dont les parents sont décédés et qui restent les seuls soutiens de leurs frères et sœurs orphelins.

Elles peuvent l'être également à des réservistes et territoriaux célibataires soutiens de leurs parents infirmes ou de leurs frères et sœurs.

Nous avons vu à l'article 22 de la loi du 21 mars 1905 modifiée que cette allocation sera de 1 fr. 25 par homme, majorée de 0 fr. 50 par enfant âgé de moins de 16 ans, pour les réservistes à partir de la classe 1913.

ART. 22. — **Désignation des soutiens de famille.**

Les réservistes ou territoriaux auxquels ces allocations seront accordées sont désignés :

1° Par un conseil départemental, s'ils sont des classes antérieures à la classe 1913;

2° Par un conseil, composé du juge de paix du canton, président: du contrôleur des contributions directes et du receveur de l'enregistrement, pour les réservistes et territoriaux à partir de la classe 1913.

ART. 25. **Formalités à remplir pour obtenir l'indemnité journalière.**

Les indications qui suivent s'appliquent aux hommes des réserves régis par la loi du 21 mars 1905 et à ceux régis par celle du 7 août 1913.

Dans le courant du mois de novembre, les commandants des bureaux de recrutement adressent à tous les réservistes et territoriaux qui doivent être convoqués l'année suivante, une carte postale-avis les informant qu'ils devront accomplir une période d'exercices dans le courant de ladite année suivante.

Ces cartes postales-avis sont de modèles différents, selon que les hommes seront convoqués dans des corps où il n'y a qu'une série d'appel pour la même classe ou qu'il y a dans ces corps plusieurs séries d'appel ou des appels échelonnés. Nous avons vu dans l'article 196 de l'instruction du 20 juin 1910 (page 30) ce qu'il y a lieu de faire de la deuxième partie de cette carte postale-avis. L'un et l'autre modèle de ces cartes (première partie pour celui du modèle de la carte postale ordinaire double) prescrivent aux hommes qui croiraient être susceptibles de recevoir l'allocation à titre de soutien de famille, de remettre leur demande au maire de leur commune avant le 15 décembre; avec cette demande, ils doivent remettre, en même temps :

1º La carte postale-avis dont il vient d'être parlé (ou la première partie de cette carte, si celle-ci est composée de deux feuilles);

2º Un relevé des contributions payées par la famille, certifié par le percepteur (quand ce relevé est négatif, ce fonctionnaire ne doit pas percevoir la rétribution de 0 fr. 25).

Le maire de la commune doit ensuite établir et certifier un état, modèle A, constatant la composition de la famille et indiquant le nombre et la position des membres de la famille vivant sous le même toit ou séparément, les revenus et ressources de chacun d'eux.

Le maire doit délivrer un récépissé des pièces produites par les intéressés.

Le dossier de chaque homme est adressé par le maire au préfet du département.

Les hommes désignés par le conseil départemental ou cantonal pour toucher les allocations journalières reçoivent du préfet, par l'intermédiaire du maire, un certificat modèle R, constatant leur désignation.

Dès son arrivée au corps pour l'accomplissement de sa période, le chef de corps établira un bulletin modèle T d'arrivée au corps et l'enverra au maire de la commune, qui le fera remettre à la personne désignée pour toucher l'allocation journalière.

Cette personne, munie du certificat R et du bulletin T, n'a plus qu'à se présenter au percepteur pour recevoir l'allocation.

TROISIÈME PARTIE

Obligations militaires en temps de guerre

Obligations militaires en temps de guerre.

Nous verrons plus loin quelles sont les obligations militaires en temps de guerre, imposées par la loi, aux hommes des différentes catégories de réserve, mais le premier de ces devoirs est de se conformer en tous points aux prescriptions indiquées sur leur fascicule de mobilisation.

RENSEIGNEMENTS DONNÉS PAR LES FASCICULES DE MOBILISATION

Art. 63. — **Emploi des fascicules.**

(Instruction du 20 juin 1910.)

Le livret individuel de tous les hommes des réserves soumis à des obligations militaires, qu'ils appartiennent au service armé ou au service auxiliaire, sont munis d'un document appelé « fascicule de mobilisation ».

Ce fascicule est épinglé entre la couverture et la première page du livret individuel.

Il indique à chaque homme quelles sont ses obligations militaires en cas de mobilisation.

Art. 64. — **Différents modèles de fascicules.
Cas où chaque modèle est employé.**

Le fascicule de mobilisation, de forme unique, comporte six modèles de couleurs et de contextures différentes, savoir :

A) Les hommes qui doivent rejoindre un corps ou service de l'armée active ou de l'armée territoriale immédiatement ou à l'expiration d'un sursis d'appel (sursis accordé : 1° à certains fonctionnaires désignés dans la loi du 21 mars 1905, art. 42, comme ne pouvant, sans inconvénient, quitter leur emploi dans les premiers jours de la mobilisation; 2° à des hommes employés dans diverses industries dont le fonctionnement est indispensable aux besoins de l'armée, comme les fabriques de viande de conserve, des usines pour la fabrication du pain de guerre, de potages aux haricots, etc...), sauf les hommes désignés au paragraphe D, reçoivent un fascicule :

Modèle A (rose) quand ils doivent faire usage des voies ferrées pour rejoindre leur corps ou service;
ou bien un fascicule :

Modèle A¹ (vert) quand ils doivent rejoindre leur corps ou service par voie de terre.

B) Les hommes qui doivent être employés temporairement à un service spécial militaire quelconque (service de garde des voies de communication, réquisition des chevaux et voitures, services accessoires des corps de troupe ou services, cordonniers, tailleurs, perruquiers, hommes de corvée, boulangers, meuniers, botteleurs, etc...) reçoivent un fascicule :

Modèle S (blanc rayé rouge) quand ils doivent, pour se rendre au corps ou au poste qui leur est assigné, faire usage des voies ferrées;
ou bien un fascicule :

Modèle S¹ (blanc, rayé vert) quand, pour se rendre au corps ou au poste qui leur est assigné, ils doivent faire usage des voies de terre.

C) Les hommes qui doivent, en cas de mobilisation, rester dans leurs foyers, comme faisant partie de la catégorie des hommes dont l'utilisation n'est pas prévue dès le temps de paix (services auxiliaires de toutes classes et hommes de la réserve de l'armée territoriale, non désignés en temps de paix pour occuper un emploi à la mobilisation, reçoivent indistinctement un fascicule :

Modèle Z (bleu).

D) Les hommes placés en sursis d'appel au titre d'une exploitation houillère, de ses dépendances ou d'une fabrique d'agglomérés reçoivent indistinctement un fascicule :

Modèle Z¹ (blanc, rayé bleu).

Les fascicules des hommes en sursis d'appel sont complétés par l'adjonction d'un papillon collé à l'intérieur dans les conditions ci-après :

Les hommes en sursis d'appel qui ont un fascicule modèle A ou A¹ reçoivent aussi un ordre pour le cas de mobilisation, qui est collé dans l'intérieur du fascicule et qui leur enjoint de rejoindre leur corps à l'expiration de leur sursis, dont la durée y est généralement déterminée, mais si elle ne l'est pas, un nouveau fascicule ou un nouvel ordre pour le cas de mobilisation lui sera remis.

Les hommes en sursis, au titre des houillères, qui ont un fascicule modèle Z^1, recevront, en temps opportun, un « ordre de route » leur prescrivant de rejoindre leur corps ou service à l'expiration de leur sursis. Cet ordre de route sera du même modèle que la page 3 des fascicules A et A^1 (voir page 51).

Il sera de couleur rose quand ils devront faire usage des voies ferrées et vert quand ils devront rejoindre par les voies de terre.

Enfin, les fascicules des hommes des réserves appartenant aux subdivisions de province, mais résidant dans le département de la Seine, sont munis, par les soins des commandants de bureaux de recrutement de Paris, d'un « ordre de route complémentaire » leur prescrivant de se trouver tel jour, à telle heure, à une gare désignée, d'où ils seront dirigés sur leur destination. Cette gare, ce jour et cette heure seront portés également sur un papillon d'une façon très apparente.

CE QUE L'ON PEUT LIRE
SUR LES FASCICULES DE MOBILISATION

Tous les fascicules sont établis comme si les hommes devaient partir de leur domicile en cas de mobilisation et non de leur résidence.

Quels que soient le modèle et la couleur des fascicules, on y voit sur la *première page* :

1º Les numéros des classes de recrutement et de mobilisation, les numéros matricules et au contrôle spécial; inscriptions permettant de retrouver facilement l'homme sur des registres et contrôles différents;

2º Le nom de la subdivision à laquelle l'homme appartient;

3º Ses nom, prénoms et domicile;

4º Le corps auquel l'homme appartient, le lieu où il doit rejoindre, l'unité à laquelle il est affecté, le numéro au répertoire du corps, ou bien le service spécial militaire auquel il est affecté, le corps ou le poste qu'il doit rejoindre.

A la deuxième page des fascicules modèles A. A^1. S et S^1, est porté un avis très important, concernant seulement les hommes qui sont en résidence dans une localité autre que celle de leur domicile et d'après lequel il est prescrit à ces hommes de prendre un train avant 9 heures du matin, le   e jour de la mobilisation qui leur est indiqué, pour se rendre à leur corps, à la caserne ou au poste qui leur est assigné.

Pour ceux qui, après mission terminée, doivent être renvoyés dans leurs foyers (fascicules S et S^1), on doit indiquer, au bas de cette page, le corps dans lequel ces hommes sont inscrits et le numéro au répertoire de ce corps.

A la troisième page des fascicules modèles A, A¹, S et S¹, il est prescrit aux hommes d'emporter avec eux des vivres pour un ou deux jours, et de se présenter, soit à une gare désignée pour y prendre le train, soit à une caserne indiquée, soit le poste auquel ils sont affectés, à une heure qui y est également indiquée, ou d'extrême urgence et sans délai.

A ceux qui voyagent par les voies ferrées, il est indiqué la gare à laquelle ils devront descendre pour rejoindre leur caserne ou le poste qui leur est assigné.

Les hommes qui sont en possession du fascicule Z sont prévenus qu'en cas de mobilisation, ils ne se mettront en route pour rejoindre leur corps ou service que sur un nouvel ordre.

La quatrième page des fascicules (procès-verbal d'échange des fascicules de mobilisation) sera remplie par un gendarme, quand celui-ci devra remplacer dans le livret de l'homme le fascicule qui s'y trouve; l'ancien fascicule échangé devant être retourné au bureau de recrutement qui a établi le nouveau, après avoir été signé de l'intéressé et du gendarme.

L'exécution ponctuelle des ordres contenus dans les fascicules de mobilisation a une très grande importance et le législateur a tenu à sanctionner les fautes commises par l'article ci-dessous.

Art. 85 *de la loi du* 21 *mars* 1905.

En cas de mobilisation, les militaires rappelés sont déclarés insoumis si, hors le cas de force majeure, ils ne se sont pas conformés aux mesures prescrites par l'ordre de route contenu dans leur livret pour assurer leur arrivée à destination et s'ils ont excédé de deux jours les délais strictement nécessaires pour se rendre par les voies les plus rapides directement de leur résidence à la destination qui leur est assignée.

Art. 42 *de la loi du* 21 *mars* 1905.

En cas de mobilisation, nul ne peut se prévaloir de la fonction ou de l'emploi qu'il occupe pour se soustraire aux obligations de la classe à laquelle il appartient.

Mais nous avons vu que, pour des motifs différents, certains hommes ne rejoignent pas immédiatement et sont mis en sursis.

Parmi les hommes qui ont des fascicules S ou S¹ il s'en trouve (de la réserve de l'armée active) qui, quoique appartenant à des corps ou formations mobilisées, ont été désignés pour occuper un emploi ou une mission temporaire (réquisition des chevaux et voitures).

Cela tient à ce que cette mission pouvait être remplie avant le départ de l'unité à laquelle ils sont affectés.

Ces hommes, aussitôt leur mission terminée, seront dirigés sur leur corps d'affectation.

HOMMES DÉPOURVUS DE LEUR LIVRET AU MOMENT DE LA MOBILISATION

Nous avons lu qu'à la deuxième page du fascicule de mobilisation, il est dit que les hommes absents de leur domicile prendront le train à la gare la plus rapprochée de leur résidence pour rejoindre leur corps ou leur poste.

Ceci s'applique, bien entendu, aux hommes porteurs de leur livret individuel.

Mais au moment où la mobilisation sera décrétée, un certain nombre d'hommes peuvent se trouver dépourvus de leur livret individuel.

Ceux-là devront se conformer aux prescriptions suivantes données par une instruction du 6 janvier 1914, qui s'exprime ainsi :

Les hommes qui n'auront pas leur livret se présenteront, selon les indications portées sur les affiches spéciales placardées dans les gares et aux environs, savoir :

Dans les villes de garnison, à un bureau militaire spécialement constitué par le commandant d'armes;

Dans les autres localités, au commissaire militaire de la gare, ou, à son défaut, au maire de la commune indiquée sur l'affiche.

Le chef du bureau militaire, le commissaire militaire de la gare ou le maire de la commune, suivant le cas, examinera les pièces quelconques justificatives d'identité dont l'homme serait porteur. Si ces pièces sont suffisantes ou même si les déclarations de l'intéressé paraissent fondées, il lui sera délivré une autorisation de départ pour rejoindre son corps.

L'homme sera averti qu'en cas de fausse déclaration reconnue à son arrivée au corps, il sera remis entre les mains de la gendarmerie.

L'homme sera admis dans les trains sur la présentation de cette autorisation de départ.

Les autorisations de départ ne sont délivrées aux réservistes que les premier et deuxième jours de la mobilisation, et aux territoriaux que jusqu'au cinquième jour inclus de la mobilisation.

Les hommes auxquels il ne serait pas délivré d'autorisation de départ, ou qui se présenteraient après les dates ci-dessus, seront dirigés par voie de terre sur le bureau de recrutement indiqué sur les affiches dans les gares.

TABLE ALPHABÉTIQUE DES MATIÈRES

PARIS ET LIMOGES. — IMP. ET LIBR. MILIT. HENRI CHARLES-LAVA

Librairie Militaire Henri CHARLES-LAVAUZELLE

PARIS & LIMOGES

Général BRUNEAU, commandant la 33e division d'infanterie. — **Paroles d'un soldat.** Volume in-18 de 302 pages. 3 50

Commandant B***. — **L'antimilitarisme.** *Causes et dangers,* d'après les discours de M. le général BRIALMONT à la Chambre des représentants belges. In-8º de 32 pages........ » 75

Colonel BIDAULT. — **Les armées anciennes et les armées actuelles.** In-8º de 252 p., avec 10 croquis et 2 planches. 4 »

Colonel ARTHUR BOUCHER. — **L'armée idéale.** Grand in-8º de 314 pages, avec 4 croquis.................... 5 »

Général F. MARAZZI. — **L'armée de l'avenir.** Traduit de l'italien par le capitaine MAUREL, breveté d'état-major. In-8º de 478 pages......................... 6 »

PIERRE BAUDIN. — **Notre armée à l'œuvre.** *Aux grandes manœuvres de 1908.* In-18 de 186 pages, avec 2 croquis et 1 carte de la région des manœuvres................. 3 »

Colonel BIOTTOT. — **Notre armée critiquée.** *Réponse. Principes.* In-18 de 224 pages................... 3 50

Colonel LEBAS. — **Réformes militaires.** *Loi des cadres et effectifs. Haut commandement. Etat-major. Recrutement des officiers. Projet de loi.* Préface de M. le général BAZAINE-HAYTER. In-8º de 352 pages................. 5 »

Général DEVAUREIX. — **Vieille routine.** In-18 de 90 p. 1 50

Colonel F. ROBERT. — **Réformes nécessaires.** In-8º de 200 pages...................... 4 »

CH. HUMBERT, sénateur. — **Chinoiseries militaires.** In-18 de 402 pages...................... 3 50

EDUARDO GARCIA-MANSILLA. — **Tolstoï et le communisme.** Préface de Jules CLARETIE, de l'Académie française. In-8º de 254 pages................... 3 50

Lieutenant ROBERT JACOMET, docteur en droit. — **La guerre et les traités.** *Etude de droit international et d'histoire diplomatique.* Préface de M. Léon BOURGEOIS. Grand in-8º de 188 pages...................... 5 »

Général DRAGOMIROF. — **La guerre et la paix,** étude du roman de Tolstoï au point de vue militaire. In-8º de 160 pages...................... 2 »

Capitaine PAUL SIMON, professeur du cours d'éducation des troupes à l'Ecole spéciale militaire. — **La discipline moderne.** *Puissance militaire et démocratie. L'éducation militaire et l'éducation de la démocratie. La discipline moderne et l'éducation des troupes.* In-8º de 88 pages.......... 1 50

www.ingramcontent.com/pod-product-compliance
Lightning Source LLC
Chambersburg PA
CBHW051143050726
47594CB00003B/1227